EL BARCO DE VAPOR

Susana Ojos Negros

Marjaleena Lembcke

Ilustraciones de Cristina Pérez

Traducción de José Antonio Santiago Tagle

sm

elbarcodevapor.com

Primera edición: abril 2003
Novena edición: noviembre 2008

Dirección editorial: Elsa Aguiar
Traducción del alemán: José Antonio Santiago Tagle
Ilustraciones: Cristina Pérez

Título original: *Die schwarzäugige Susanne*

Impresores, 2
Urbanización Prado del Espino
28660 Boadilla del Monte (Madrid)
www.grupo-sm.com

ATENCIÓN AL CLIENTE
Tel.: 902 12 13 23
Fax: 902 24 12 22
e-mail: clientes@grupo-sm.com

ISBN: 978-84-348-9467-9
Depósito legal: M-49526-2008
Impreso en España / *Printed in Spain*
Orymu, SA - Ruiz de Alda, 1 - Pinto (Madrid)

1 Lágrimas de cocodrilo

EN la casa de al lado vive una niña. No sé cómo se llama. Ni sé cómo se llama su madre, ni tampoco su padre. La niña tiene ojos grandes y oscuros. Yo la llamo Susana Ojos Negros.

—Susana es el nombre de una flor –dice mi madre.

—¿De qué clase? –pregunto.

—Una flor trepadora –responde mamá.

—No es del todo correcto –dice mi

padre–. Es una planta trepadora. Lo que es la flor, no trepa.

—Lo mejor será que vayas al jardín –me dice mi madre–. En nuestro jardín crece esa planta. Pero el nombre lo tiene por sus flores.

Me voy al jardín. A lo largo de la valla trepa una planta de hojas tiernas de color verde claro. Tiene flores de color amarillo naranja con un cáliz negro en el medio. Lo negro parece un túnel profundo. Me quedo mirando un rato en el túnel de la flor.

—¿Se parece la niña de al lado a la flor? –pregunta mi madre.

—Mucho –respondo.

Mamá sonríe.

Me voy a mi cuarto y pinto una flor, la flor susana. Mi susana tiene pétalos de un color naranja intenso, para que

se pueda ver bien el color sobre el papel blanco.

Enseño el dibujo a mamá y papá.

—La flor susana –digo.

—Pues no se parece a una niña –dice papá.

—Es que es una flor –respondo.

—¿Y no tiene hojas? –pregunta papá.

—Solo flores –digo–. Algunas plantas solo tienen flores.

—Bueno, si es eso –dice mi padre, y se encoge de hombros.

Sostengo en la mano mi dibujo y lo vuelvo a mirar.

—Sí que parecen bonitas las flores, ¿verdad? –digo.

—Una planta necesita raíces, tallo, hojas y flores –dice mi padre–. Y además de todo eso, tierra donde crecer.

—En el papel, desde luego que no lo necesita –dice ahora mi madre.

—Pero es que en el papel no vive –dice papá cogiendo el periódico–. ¡Y ya está bien de discutir, ahora quiero leer el periódico!

—¡Pues mi flor sí que vive! ¡Y se va a comer tu periódico! ¡Porque puede comer papeles, y padres, y todo! –grito.

—Si quieres que me enfade, solo tienes que decirlo –dice mi padre.

Yo me río y digo:

—Sí, quiero hacerte enfadar.

—¡Pues vas a ver!

Papá se pone en pie de un salto. Yo salgo pitando hacia arriba, a mi habitación. Pero él sube los escalones de dos en dos. Antes de poder esconderme, me agarra.

—¡Ahora te voy a hacer cosquillas hasta que no puedas más de reír! –dice.

Cuando ya no puedo más de reír, le pido que pare. Papá me lleva abajo a cuestas. En la cena puedo volver a reír. Me río porque estoy alegre.

Mis padres sonríen y mi madre dice:

—¡Sí que te dura el contento por unas pocas cosquillas!

—¡Los niños son un poco raros! No hay adulto que comprenda de qué se ríen –dice mi padre mientras me hace un guiño, como si él sí lo supiera.

Y yo sé que a él le gusta que le haga enfadar un poco, solo por divertirme. Entonces también él me puede hacer rabiar a mí.

A mi madre no puedo hacerla enfadar. Además, tampoco sabe hacer cosquillas. Cuando me las hace, noto como si solo me acariciara. Y también la voz de mi madre suena a veces no como si hablara, sino como si me acariciara.

Por la noche siempre me pregunta si quiero leer yo sola o si prefiero que me cuente un cuento. Casi siempre le digo que me cuente un cuento.

—¿Y cuál quieres escuchar esta noche? –me pregunta cuando estoy tumbada en la cama.

—Cuéntame uno de cocodrilos –respondo, pues me gustan los cuentos de cocodrilos.

Y ella cuenta:

Había una vez un cocodrilo que era desdichado porque no tenía voz. Siempre que abría la boca para decir algo, no le salía ni una palabra.

Además, estaba muy triste. Le habría gustado llorar, pero tampoco podía llorar. De sus ojos no salían lágrimas. Así que el cocodrilo se retiró a una cueva y decidió pasar la vida solo, pues de todos modos no podía decir nada a los demás.

Pero en la cueva ya vivía el viejo Eco. Cuando el cocodrilo suspiró hondo, el viejo Eco respondió con un fuerte suspiro aún más hondo. Tan hondo y triste sonó, que al cocodrilo se le escapó una enorme lágrima del ojo. Asustado y sorprendido por eso, se olvidó de que no sabía hablar y exclamó: «¡Pero si puedo llorar!». Y el Eco replicó: «¡Pero si puedo llorar!». Y el cocodrilo exclamó: «¡Pero si sé hablar!», y también a eso respondió el viejo Eco, pero sin que lo oyera el cocodrilo, pues ya había salido corriendo de la cueva para mostrar el milagro a los demás cocodrilos. Se colocó en la orilla y dejó escapar de sus ojos una lágrima tras otra, y los demás cocodrilos lo consolaron y después de un rato dejó de derramar lágrimas y dijo: «¡También sé hablar!».

Y entonces todos los demás cocodrilos quisieron aprender a hablar y a llorar. El pequeño cocodrilo les indicó el camino hacia la cueva del viejo Eco, y así aprendieron también los demás cocodrilos a llorar y a hablar. Bueno, solo los cocodrilos de este cuento que acudieron a la cueva del viejo Eco.

—El eco es un espíritu que siempre te responde lo que tú le gritas, ¿verdad?

Y es que no se le ocurre otra cosa que decir –le digo a mi madre.

—Dice una leyenda que el eco es el espíritu de una mujer en la montaña. El de una ninfa que era tan habladora, que la castigaron por eso. No le estaba permitido hablar más por su cuenta, pero tampoco podía callarse si hablaba otro. En realidad, el eco es el reflejo que devuelve un sonido –explica mi madre.

—¿Igual que una pelota que rebota al lanzarla contra la pared? –pregunto.

—Tiene algo que ver con las ondas –responde mi madre–. Muy bien no lo sé explicar.

—A lo mejor sí que hay ninfas –reflexiono–. Solo que la gente les ha dado otro nombre para que no suene como si fuera un cuento.

—A lo mejor –dice mi madre–. No lo sé.

—Es que todo no lo puedes saber –le digo.

—Nadie lo sabe todo –dice mi madre–. Y es bueno que sea así.

—¿Para qué es bueno que nadie lo sepa todo? –pregunto.

—Para que cierres ya los ojos y puedas soñar –dice mamá. Después me da un beso y cierro los ojos. Pero no me quedo dormida enseguida. Pienso en el cocodrilo y en su Eco, y pienso en Susana, la de los ojos negros, la que no es una flor.

2 *El cocodrilo triste*

A la mañana siguiente, doblo en cuatro la hoja con el dibujo de la flor susana. Ahora parece una carta o una nota con una información importante. Encima pongo: «Para Susana».

De camino hacia la escuela, meto la nota en el buzón de nuestros vecinos.

Al llegar de la escuela, todavía no he recibido una carta de respuesta. Pero es que para una respuesta hace falta algún tiempo.

Durante la comida le hago unas preguntas a mamá. Es para ver cuánto tiempo tarda ella en responder. Pregunta número uno:

—¿Por qué son verdes las espinacas?

Mamá responde enseguida:

—Porque esa planta es verde.

Pregunta número dos:

—¿Por qué es verde esa planta?

Mamá responde:

—Porque las plantas reverdecen al aire.

—Pero ¿y las personas? ¿No reverdecen al aire también?

—No, claro que no.

—¿Por qué no?

—Cómete las espinacas y no hagas tantas preguntas –dice mamá.

De todos modos, yo sigo preguntando porque me gusta hacer preguntas.

Pregunto:

—¿Cuánto tiempo dura que te respondan a una pregunta, cuando no es una pregunta de verdad?

—¿Y ahora a qué viene eso? –pregunta a su vez mamá.

—Le he regalado el dibujo de la flor a la Susana de aquí al lado, la de los ojos negros. Y eso quiere decir que ella me gusta. Bueno, no es ninguna pregunta de verdad. Pero, de todos modos, quisiera saber si yo también le gusto a ella.

—Pero si no te conoce de nada –dice mi madre.

—Yo tampoco la conozco, pero de todos modos me gusta porque tiene unos ojos muy bonitos. Y además es nuestra vecina.

Me voy al vestíbulo. Delante del buzón no hay ninguna carta. Ni ninguna nota.

Mamá sale al jardín. Con una palita hace agujeros en la tierra. Luego vierte agua en los agujeros y en cada uno pone una plantita verde.

—Son asteres –me explica. También yo planto un aster y amontono mucha tierra alrededor de la planta para que no se caiga.

En el jardín de al lado no hay nadie trabajando. Pero de pronto sale Susana. Se queda parada en el césped. Yo observo la flor de la planta susana. Miro lo negro del medio. Luego miro a los ojos de la niña de al lado. Ella no dice nada. Y no sonríe con los ojos, ni tampoco con la boca.

—A lo mejor ni siquiera sabe que el

dibujo es mío –digo por la tarde durante la merienda.

—¿Quién? ¿Qué es lo que no sabe? –pregunta mi padre.

Hoy ha venido de mal humor del trabajo. A veces está alegre, y a veces, de mal humor. Mi madre es raro que esté de mal humor. A ella le va bien, dice mi padre. Como no trabaja...

Y entonces mi madre siempre salta con eso de que nada, no trabaja nada, solo en la cocina, en el jardín y cuando está en la cola del supermercado...

Le cuento a papá que he regalado a Susana el dibujo de la flor.

—¿Has escrito tu nombre también? –pregunta papá.

Yo sacudo la cabeza.

—¿Y entonces cómo va a saber que el dibujo es tuyo? –dice papá.

—Pero si ella tampoco sabe mi nombre –digo.

—Ah, vale –dice papá–. ¡Pues trabajo en balde!

Y se levanta a dar una vuelta por el jardín. Aquí y allá arranca malas hierbas. Murmura algo. Luego, a todas las margaritas que crecen en la hierba les corta la cabeza.

Junto las pequeñas florecillas cortadas y miro a mi padre con reproche.

—Crecerán de nuevo –dice papá.

—Las cabezas no vuelven a crecer –digo.

—Las de las flores, sí –afirma mi padre.

Cuando estoy lista para dormir, le pregunto a mamá:

—¿Me puedes contar otro cuento de cocodrilos?

—Creo que sí –dice, y reflexiona un poco. Luego cuenta:

Había una vez un pequeño cocodrilo que quería hacerse vegetariano. Y es que los cocodrilos son carnívoros. Pero el pequeño cocodrilo no quería comerse a otros animales.

«No puedo mirar a los ojos a los animales mientras me los como. Las plantas no tienen ojos. Así que solo comeré verduras», dijo el cocodrilo a su padre.

«¡Pues que te aproveche!», dijo el papá cocodrilo, y dio un bostezo que le crujieron las mandíbulas.

«Ya no quiero seguir comiendo carne», dijo el pequeño cocodrilo a su mamá.

«Pero, hijo, ¿y cómo vas a saciar el hambre?», preguntó preocupada mamá cocodrilo.

El pequeño cocodrilo salió del río. Devoró tallos de junco, royó cortezas de baobabs, masticó plátanos caídos al suelo y, de postre, chupó diez flores de orquídea. Pero el hambre no se le iba. El estómago le ronroneaba y le gruñía como si no hubiese probado bocado desde hacía días.

El cocodrilo volvió a meterse en el agua y se tendió de espaldas. La barriga le salía sobre la superficie del agua como una pequeña isla.

Un ave del paraíso se le posó en la barriga y se puso a piar alegre. Al moverse el pequeño cocodrilo, el ave se asustó y, chillando, levantó el vuelo.

El cocodrilo se dio la vuelta. Tenía un hambre terrible. Justo delante de él nadaba un pez apetitoso. Y antes de que pudiera pensar lo que iba a hacer, el cocodrilo abrió la boca y se tragó el pez. Al momento, el estómago dejó de gruñirle y ronronearle. Pero del ojo le cayó una enorme lágrima de cocodrilo.

Y es que le habría gustado tanto ser vegetariano...

—Yo nunca me comeré a Susana, la de los ojos negros –digo–. Tampoco a la flor que se llama así.

—No te hace ninguna falta –dice mamá–, porque puedes comer espinacas y otras hortalizas.

—Pero también me gusta comer carne.

—También puedes comerla –dice mi

madre con la mirada que se le pone cuando ya no quiere seguir contando cuentos ni hablar más.

—¡Pero es que las personas no se comen entre ellas! –digo deprisa.

Mamá sonríe como diciendo «Ahora no vamos a hablar de eso», y dice:

—Buenas noches.

—Buenas noches –me despido. Y me quedo pensando en el pequeño cocodrilo. ¿Llegará a ser alegre algún día?

Y luego pienso en Susana Ojos Negros. ¿Qué será lo que más le gusta comer?

3 *Nos sonreímos*

HACE sol y Susana Ojos Negros está al otro lado de la valla. La valla le llega hasta los hombros. Yo le sonrío. Ella me sonríe. Le falta un diente arriba a la izquierda. A mí me falta en la parte derecha. Lo tengo guardado. Voy a por el diente, lo pongo en una servilleta amarilla y se lo paso a Susana Ojos Negros, la niña de al lado, por encima de la valla. Entonces la señalo y le pregunto:

—¿Tú cómo te llamas?

Dice algo que suena como "Tsitsa-tsai". Me encojo de hombros. Es un nombre muy difícil para mí.

—Tania –le digo señalándome. Ella asiente con la cabeza.

En adelante la llamaré Susana Ojos Negros.

La planta que lleva su nombre ha trepado ya al otro lado de la valla.

A mi padre no le gustan las plantas trepadoras.

—Siempre hay que estar guiándolas –dice–. Y, al final, crecen hacia donde quieren ellas.

—Pero tienen unas flores maravillosas –dice mi madre.

Juego con mi amiga Johanna al bádminton en el césped que hay enfrente de nuestra casa. Susana Ojos Negros nos mira asomada a la ventana. Yo la saludo y le explico a Johanna:

—Esa es Susana. No podemos conversar. No hablamos el mismo idioma. Pero es casi amiga mía.

—Es guapa –dice Johanna.

—Y es de Turquía –añado yo.

—Ahora la planta florece más por el otro lado –le dice mi padre a mi madre.

—Lo importante es que florece –responde mi madre.

—Susana, la vecina, la de los ojos negros, tiene un nombre difícil –digo–. Algo así como "Tsitsatsai". No lo he cogido bien. Podríais preguntar cómo se llama la gente de al lado. Los mayores entienden mejor los nombres difíciles.

Mi madre asiente, pero mi padre se encoge de hombros y dice:

—No me interesan los vecinos. Ya tengo bastantes preocupaciones. Además, no hablan nuestra lengua, ni tampoco yo hablo la suya.

Y luego me propone:

—Ven, vamos a dar una vuelta en bicicleta. Necesito que me dé el aire en las orejas.

Cuando ya nos ha dado bastante el aire en las orejas, nos entra hambre.

Entramos en una pizzería y compramos dos pizzas para llevar. Una pizza Margarita, porque me gusta su nombre, y una pizza Calzone para mamá y papá. La pizza Calzone está cerrada como una empanada. A primera vista no puedes ver lo que hay dentro.

—Me gustan las sorpresas –dice ahora papá.

Pero a veces también dice:

—No me gustan nada las sorpresas.

Papá es así. No sabe muy bien lo que le gusta. Tiene que ver con el humor que tenga. Pero el humor depende de cómo le haya ido en el trabajo. Mi padre vende zapatos en una tienda grande. El día que vende muchos zapatos le gustan las sorpresas, y el día que vende pocos, no le gustan nada.

Me como la mitad de mi pizza Margarita. La otra mitad se la come papá. Y también se come la mitad de la pizza sorpresa.

—Cuando se trabaja hay que comer bien –dice.

—Y cuando se crece también hay que comer bien –digo yo.

—Y cuando *solo* se barre, se friega, se va a la compra y se cocina, también hay que comer bien –dice mamá.

—¿Estás de mal humor? –le pregunta mi padre.

—¿Tienes hoy tu día refunfuñón? –le pregunto yo.

—¡Dejadme en paz! –dice ella.

Y la dejo en paz. Lo que no sé es si la deja en paz papá. Me meto en mi habitación y pongo un poco de orden. Coloco las muñecas en fila sobre la repisa de la ventana, pongo en un rincón los peluches y escucho una casete de canciones para niños.

Luego hago un dibujo de la niña de al lado y también me dibujo yo en el papel. Ella tiene los ojos oscuros, y yo, azules. Las dos miramos hacia delante y reímos.

Le enseño el dibujo a mamá. Papá está viendo las noticias en la tele y no puedo molestarlo.

—¿Tenemos que pensarnos hoy también un cuento sobre el pequeño cocodrilo? –pregunta mamá.

—Tienes que pensártelo tú –respondo, y me arrebujo en la manta de la cama–. Yo solo escucho.

Vale... En fin, el cocodrilo estaba muy triste por no tener amigos entre los demás animales. Todos los animales pequeños tenían miedo de él, y él lo tenía de los animales más grandes. Y mamá cocodrilo y papá cocodrilo no eran precisamente la compañía más divertida. Dormitaban perezosamente tomando el sol o se deslizaban por el río. O se abalanzaban sobre una presa y, en cuanto se saciaban, cerraban los ojos y dormían. No tenían por qué temer a otros animales. Eran grandes y fuertes. El pequeño cocodrilo iba río abajo y río arriba. En cuanto los peces lo veían venir, se escondían. Y las serpientes de agua, también.

Un día, el cocodrilo vio un pececito encantador que volaba sobre el agua. Bueno, no es que el pez volara. Daba saltos en el aire para cazar insectos. El pez tenía aletas pectorales que parecían alas de mariposa. Parecía que disfrutaba cazando insectos y que no tenía ningún miedo del cocodrilo. Saltaba y danzaba delante mismo de sus fauces. El cocodrilo abrió la boca para sonreír al animalito. Y en ese momento desapareció el pez. El cocodrilo se volvió a un lado y a otro. Miró hacia atrás y siguió nadando un poco. Pero ya no lo veía. De pronto, sintió en la nariz un cosquilleo que le hizo estornudar. Y al instante reapareció el pez. Este se puso a dar saltos delante del cocodrilo, alejándose y acercándose, y a menear sus aletas, como invitándolo a dar saltos con él. El cocodrilo se alegró muchísimo. Aquel curioso pececillo no le tenía miedo. Así que los dos estuvieron jugando juntos mucho tiempo. Cuando se les hizo tarde y se sintieron cansados, se despidieron. ¡Pero solo hasta el día siguiente!

—En realidad los cocodrilos no pueden sonreír, ¿verdad? –le pregunto a mamá.

—No lo sé –responde–. Pero las niñas pequeñas sí que pueden. Y también

pueden jugar juntas sin tener miedo unas de otras.

—Pero solo si son muy buenas amigas –digo–. De las que se quieren.

En mi cabeza imagino cómo nos hacemos buenas amigas Susana Ojos Negros y yo. Vamos en bicicleta juntas a la piscina y nos damos un chapuzón y nos salpicamos hasta empaparnos. Luego nos tomamos un helado y ella me deja lamer su helado, y yo también le dejo probar del mío.

4 El cocodrilo emigra

LA niña de al lado se acerca a la valla. Me regala una pegatina con un oso polar. Voy a mi habitación y busco alguna pegatina que tenga repetida. Le regalo una de un perrito lanudo. Tengo cuatro iguales.

—Gracias –dice la niña cuando le doy la pegatina. Suena un poco raro. Como si hubiera dicho "gratsias". Claro que no es nada fácil hablar otras lenguas.

Mi madre intenta aprender inglés.

Mi padre dice que no tiene ganas de aprender más idiomas. Tiene que vender zapatos y eso le obliga a estar todo el día charlando con la gente. Cuando llega a casa, lo que quiere es tranquilidad y leer el periódico.

Y a veces necesita que le dé el aire en las orejas. Entonces salimos a dar una vuelta en bici. El padre de la niña de la casa de al lado no da vueltas en bicicleta. Susana Ojos Negros no va en bicicleta. Ni tampoco su hermano mayor. A lo mejor es que no tienen ninguna. O que no saben montar en bicicleta, porque no han aprendido en Turquía.

No se lo puedo preguntar a la niña, porque no me entendería.

Ella me entrega otra pegatina por encima de la valla. Tiene dibujada una mariposa grande de colores.

—Gracias –digo, y me voy corriendo a casa. Le regalo una pegatina que no tengo repetida. En ella hay un ave con sus huevos. No es un ave pequeña, sino un gran avestruz.

Susana Ojos Negros se pone muy contenta. Se le ve en los ojos.

—¡Gracias! –dice, y vuelve a sonar como "gratsias".

Me gustaría visitarla alguna vez. Tiene un hermano pequeño y un hermano mayor. Ella debe de tener los mismos años que yo, así que no es ni mayor ni tampoco muy pequeña.

En mi escuela no la veo nunca. A lo mejor es que va a otra.

En mi clase hay un niño de Turquía. Pero habla como yo. Y hasta ha nacido aquí. Susana Ojos Negros seguro que no ha nacido aquí. Si lo hubiera hecho, también hablaría como yo.

—¿Por qué los turcos no se quedan en Turquía? –pregunto a mi padre.

—Hay varias razones para eso –responde.

—¡Pues dime una razón!

—Vaaale... –dice papá–. A lo mejor es que allí no tienen trabajo. O que los persiguen por motivos políticos. O que ya tienen aquí familiares y quieren vivir con ellos.

—¿Por qué tienen aquí familiares? –pregunto.

—¿Necesitas saber todo eso ahora? –pregunta mi padre–. ¿No va siendo hora de acostarte? Además, es difícil explicar a los niños eso de los problemas políticos o de que los miembros de sus familias viajen a otro país.

Subo despacio a mi habitación. De pronto regreso corriendo, achucho a papá y le doy las buenas noches.

—Mañana sí que podré explicártelo –me dice. Yo hago que sí con la cabeza.

—¿Hoy tocan también cocodrilos, o quieres leer algo? –pregunta mamá.

—Hoy tocan cocodrilos –digo–. Papá podría explicarme tranquilamente por qué hay turcos que viven aquí si resulta que existe Turquía. ¿O es que no lo sabe?

Mi madre sonríe y me cuenta cosas del pequeño cocodrilo.

Un día, al pequeño cocodrilo dejó de gustarle la orilla en la que vivía. Y es

que tenía miedo. Porque como allí ya no había bastante comida para todos, los cocodrilos se peleaban por los sitios donde se comía mejor. Se atacaban con ferocidad y los más débiles quedaban malheridos.

«Me iré de aquí», pensó el pequeño cocodrilo. Y despidiéndose de su madre y de su padre, echó a nadar río arriba.

En algunos lugares de la orilla, los árboles crecían más altos; la hierba, más lozana, y las flores, con colores más vivos que en su orilla natal. Pero, bueno, los cocodrilos no comen plantas. Así que el pequeño cocodrilo siguió nadando. Cuando se quedó sin fuerzas, salió reptando a tierra y se echó a dormir. A la mañana siguiente despertó con los primeros rayos del sol y continuó su viaje. Con frecuencia sentía añoranza por sus padres. Sentía añoranza por el pequeño pez mariposa. Pero siguió nadando.

Finalmente vio un lugar en la orilla donde aún no había tantos cocodrilos. «Me quedaré aquí», pensó el cocodrilo saliendo del agua. Los demás cocodrilos no lo saludaron. No lo acogieron calurosamente. El pequeño cocodrilo se escondió con tristeza detrás de un arbusto. Pasó mucho tiempo hasta que se atrevió a meterse en el agua. Casi a hurtadillas, como si estuviera robando, atrapó un pez. A continuación volvió de nuevo a su escondite. «Ya acabarán queriéndome cuando me vayan conociendo». Y consolándose con este pensamiento, se quedó dormido.

—Y luego probablemente se juntó con una pequeña cocodrila, y el cocodrilo y ella tuvieron hijos, y él ya no sintió tanta soledad –digo yo, porque mi madre ha interrumpido el cuento.

—Seguramente –dice ella.

—Los vecinos ya tenían hijos cuando vinieron –digo–. ¡Los hijos no nacieron estando aquí! Pero a lo mejor aquí tienen algunos más. ¿Las personas de ojos negros tienen más hijos que las de ojos azules?

—¡Eso no tiene nada que ver con el color de los ojos! –dice mamá riendo.

—¿Estás segura? –pregunto.

—Totalmente –responde ella.

Después que nos hemos dado las buenas noches, me entra el deseo de tener una hermana o un hermano. Muchas noches deseo tener una hermana.

Pero si no llegara a tener ninguna hermana, también me ilusionaría mucho una amiga. Podría venir a mi casa a dormir. Qué bonito sería poder cuchichear con ella a oscuras y contarnos secretos.

5 La fiesta de los vecinos

UNA noche de verano se juntan muchas personas en casa de los vecinos. Comen, beben y ríen.

—Se lo están pasando bien –dice refunfuñón mi padre. Hoy tiene su día refunfuñón. A lo mejor no ha vendido bastantes zapatos y ha reñido con el propietario de la tienda. En días así, mi padre suele enfadarse también en casa. Primero habla mal del jefe y después de los clientes, que no saben qué zapatos quieren. Y luego lee el periódico y protesta de las cosas que dice. Todos los días tiene que leer el periódico para saber lo que pasa en el mundo. Aunque no le guste nada lo que pasa en el mundo.

Estoy de pie junto a la valla viendo cómo se lo pasan los vecinos. Susana Ojos Negros me hace una señal. Me señala que vaya donde ella.

—¿Puedo? –pregunto a mi padre.

—Querrán estar con los suyos. Y, además, no entenderás nada –dice papá.

—¡Las risas sí las entiendo!

Me voy al agujero de la valla y paso al otro lado.

La madre de Susana Ojos Negros lleva un vestido negro y un pañuelo blanco en la cabeza. Su padre se ha puesto traje. El hermano mayor lleva vaqueros y camiseta de mangas cortas, y el hermano pequeño, también. Todos tienen ojos muy oscuros y el pelo casi negro.

La madre me da un trozo de pan, un trozo de carne y un poco de ensalada en un plato. Me lo como todo y escucho cómo hablan y ríen entre ellos. Susana Ojos Negros no ríe, solo sonríe. A veces me sonríe a mí. Y yo le devuelvo la sonrisa. Siempre que una de las personas de ojos oscuros me mira, yo sonrío. Así sabrán que estoy contenta, aunque no diga nada.

Cuando han dejado vacíos todos los platos, el hermano mayor los amontona formando una torre. Luego sostiene con tres dedos el montón de platos por encima de la cabeza.

Los invitados le aplauden. Él intenta correr con el montón de platos. Los platos se caen al suelo y su padre le da una bofetada. La madre riñe primero con el padre y luego con el hijo. Los otros se ríen y vuelven a aplaudir.

Susana Ojos Negros se encoge de hombros. Yo también me encojo de hombros.

La madre me sirve un zumo.

—Gracias –digo. Ella mueve la cabeza amablemente.

Mi padre se acerca a la valla y grita:

—¡Tania, es hora de ir a la cama!

El padre de Susana Ojos Negros se aproxima a la valla y le dice a papá:

—¡Venir también!

Papá sacude la cabeza.

Yo trepo por encima de la valla y, ya desde nuestro lado, grito:

—¡Adiós!

Desde el otro lado, algunos invitados responden también con un adiós.

—Se lo están pasando muy bien –cuento–. Se han roto unos cuantos platos, pero todos se han reído.

—¿Y qué tiene de divertido que se rompan platos? –pregunta papá.

—No lo sé –respondo–. Pero ha sido divertido. Lo divertido no puede explicarse. Tendrías que haber estado allí. Tú también te habrías reído.

—Lo dudo –dice mi padre.

Mamá no está en casa. Tiene clase de inglés. Papá me lleva a la cama.

—¿Quieres leer tú sola o te leo un cuento? –me pregunta.

—¿Puedes inventarte uno?

—Es algo difícil –dice mi padre mientras se rasca apurado la cabeza, como si así fuera a ocurrírsele un cuento. Pero no se le ocurre ninguno.

—Entonces lo dejamos –digo–. Me

quedaré aquí escuchando un poquito y ya está.

—¿Te leo, entonces, un cuento?

—No, me quedaré escuchando lo que dicen ahí fuera.

—¿Les vas a escuchar aunque no entiendas nada?

—Solo escucho para ver si se lo pasan bien.

—Pues ojalá no estén toda la noche pasándoselo bien. No quiero que mañana te duermas en la escuela –dice papá.

—¡Y tú en el trabajo! –le digo riéndome.

Papá sonríe. Luego me besa en la frente.

—¡Pues que te diviertas mucho escuchando, niñita curiosona!

—¡Ya tengo siete años! –le grito mientras se va.

En mi próximo cumpleaños, cuando cumpla ocho años, también quiero celebrar una fiesta. Con muchos niños y platos muy baratos que puedan romperse. En mi próximo cumpleaños invitaré a Susana Ojos Negros y a su hermano pequeño. A lo mejor también quiere venir el hermano mayor. Y entonces, cuando mis padres hayan conocido a los vecinos, también invitarán a nuestra casa a los padres de Susana Ojos Negros. De aquí a entonces, seguro que ya habrán aprendido mi idioma. Cuando puedan hablarlo un poco, también mi padre los entenderá. Porque a él no le gusta hablar con quienes no entiende. A veces ni siquiera le gusta hablar con las personas que hablan el mismo idioma que él. Pero mi padre puede cambiar de opinión muy deprisa. Siempre depende del humor que tenga. Seguro que el día que yo cumpla ocho años estará de buen humor. Cuando yo cumplo años siempre está de buen humor. Aunque no le haya ido bien en la tienda.

Sí, me pongo contenta al pensar en mi cumpleaños. Entonces también mi padre se reirá cuando se caigan los platos. Unos cuantos platos no importan nada. Es mucho más importante reírse juntos.

6 *Una flor azul*

UN día, dos chicos pegan al hermano mayor de Susana Ojos Negros. Él regresa a casa con la nariz sangrando y la chaqueta rota. La señora Neumann, que vive enfrente, se lo cuenta a mi madre en la calle. Nuestra vecina ha visto cómo le golpeaban, pero no se ha atrevido a meterse porque los otros chicos eran casi adultos.

La señora Neumann y mi madre se preguntan por qué el mundo se ha vuelto tan horrible. Y luego acuden algunos otros vecinos. Todos sacuden la cabeza asombrados. Pero ni la madre ni el padre de Susana Ojos Negros salen para hablar con ellos.

Por la noche, mi madre le cuenta a mi padre lo que ha pasado, y mi padre se enfada.

—¡Vaya animalada! –exclama–. ¿Es que la gente no puede educar a sus hijos para que dejen en paz a los demás? ¿Qué más da de dónde vengan ni por qué? Están aquí y punto. ¡Podían dejarlos en paz! ¡Pegar a los niños! ¿Pero en qué mundo vivimos?

Sigue hablando un rato más del hermano de Susana Ojos Negros, y luego vuelve a protestar de sus clientes, que no saben qué zapatos quieren.

Susana ya no juega en el césped que hay delante de las casas. Ni tampoco salta a la comba en la acera.

—Apenas vemos a los de al lado –comenta mamá.

—Hasta ahora tampoco es que los hayamos visto mucho –dice papá.

Mamá sale al jardín.

—¡Mira, ven! –le grita a papá–. La clemátide azul de los vecinos florece hacia el lado nuestro. ¿No hace un efecto maravilloso junto con las flores de la susana?

—Hmmm... –murmura papá mientras sigue leyendo en el periódico sobre disturbios y guerras.

Cuando me encuentro en la calle con el hermano mayor de Susana, me mira con rabia. No sé por qué está enfadado conmigo. No soy yo la que le ha pegado. ¡Pero no permito que me miren con rabia! Así que le devuelvo una mirada igual de rabiosa.

Mi padre ata la planta que se llama susana en la parte de arriba de la valla para que no arrastre por el suelo. Lo hace protestando.

—El año que viene, nada de trepadoras como esta en mi jardín. Dan mucha faena.

—No hace falta que te ocupes de las flores –dice mi madre–. Puedo hacerlo yo.

—También es mi jardín, al fin y al cabo –dice papá–. ¡Yo también quiero hacer algo aquí!

Mi madre se encoge de hombros.

Papá lee el periódico y continúa protestando.

—¡Así no vamos a ninguna parte! –dice levantándose del sillón de un salto–. ¡Violencia! Mires por donde mires, no ves más que luchas, incendios y terror. ¿Es que no se puede ser amigo de las personas aunque no tengas nada que ver con ellas?

Me pongo a pensar en eso. ¿Cómo se puede ser amigo de alguien sin mirarle, sin sonreírle o sin hablarle? ¿O sin darle por lo menos unas cuantas pegatinas?

—En todo caso, gruñendo no se arregla nada –dice mamá–. Ni tampoco leyendo el periódico, si solo lo lees para irritarte.

Me voy a mi cuarto, porque la conversación me suena mucho a una riña que empieza. Y cuando mis padres riñen, yo no quiero escuchar.

Me tumbo en la cama y yo misma me invento un cuento de cocodrilos.

En mi cuento, el pequeño cocodrilo encuentra un amigo. Justo cuando de los ojos le salen unas lágrimas enormes y piensa que nadie le quiere, se acerca nadando otro cocodrilo. Primero, el pequeño cocodrilo desconfía y no mira al otro directamente a los ojos. Pero el otro cocodrilo pregunta cariñosamente:

«¿Quieres que seamos amigos y nademos juntos un poquito?»

El pequeño cocodrilo se limpia las lágrimas de un manotazo y responde:

«¡Claro! ¿Lo dices en serio?»

El otro responde:

«Lo digo muy en serio.»

Y juntos se pasean nadando río arriba y río abajo, y los peces no tienen miedo de ellos porque, si se les mira bien, no parecen nada hambrientos. Al poco tiempo, el pequeño cocodrilo está muy alegre y hasta ríe.

Cuando mis padres han acabado de reñir, mi madre me llama para cenar.

—Por cierto, ¿cómo se llaman los vecinos de al lado? –me pregunta papá.

—No lo sé –respondo–. Desde luego, es un nombre difícil. Mamá tampoco lo sabe. Nunca lo ha preguntado.

Mi madre me mira, luego va al vestíbulo y sale por la puerta de la casa.

Mi padre me mira y yo le miro a él.

Luego nos quedamos mirando hacia la puerta.

Después de un rato, mamá regresa.

—¡Ajá! –dice–. He invitado a los vecinos a tomar café.

Mamá mira a papá muy fijamente a los ojos. Papá la mira a ella igual de fijamente a los ojos. Y por un momento los ojos de mis padres parecen algo más oscuros, no tan azules como otras veces.

Luego, mi padre dice:

—¿Sabéis? Voy a hacer una tarta de fresas. A nuestros invitados siempre les han gustado mis tartas de fresas.

Yo escribo una carta de invitación a Susana Ojos Negros. Todavía sigo sin saber bien su nombre de verdad. Al comienzo de la carta, donde se suele poner el nombre, dibujo una flor de color naranja con un cáliz oscuro, y al pie de la carta dibujo una clemátide azul. Esta no me sale tan bien. Pero sí se nota que también es una flor.

Y cuando los vecinos vengan a casa, le pediré a Susana Ojos Negros que me escriba su nombre de verdad. Para que yo aprenda a pronunciarlo y me quede con él.

Índice

Si te ha gustado este libro, también te gustarán:

La tienda de Mister Daffodil, de Asun Balzola

El Barco de Vapor (Serie Blanca), núm. 93

Nina vive en un barrio de todos los colores donde, un buen día, descubre la tienda más bonita de todas, la de Mister Daffodil. ¿Cuál es la labor del nuevo amigo de Nina? Pues nada menos que la de reciclar pesadillas mandándolas a la Luna, que las devuelve en forma de bolas de queso.

Cleta y yo, de Paloma Bordons

El Barco de Vapor (Serie Naranja), núm. 148

Hace unos meses, Cleta vivía en París. Pero las cosas entre sus padres no andaban nada bien. Cuando de nada bien pasaron a muy chungas, Cleta se mudó a Madrid con su madre. Y un buen día aterrizó en el colegio, toda francesa y bastante asustada.

De una a otra orilla, de Azouz Begag

El Barco de Vapor (Serie Naranja), núm. 152

«Cuando era joven, en África, mi padre vivía con mi madre en una aldea. Entonces la soledad no existía. Los hombre vivían juntos en la época de las aldeas.» Sin embargo, ahora, el protagonista vive en una gran ciudad y allí las cosas son muy distintas.